LES ÉCOLES

DES PROFESSIONNELLES

(Armentières, Nantes, Vierzon, Voiron)

PAR

J. ROUX

Directeur de l'École nationale professionnelle de Vierzon

BUT   ORGANISATION
FONCTIONNEMENT   CONDITIONS D'ADMISSION
SUJETS DE CONCOURS

PARIS
LIBRAIRIE VUIBERT
63, BOULEVARD SAINT-GERMAIN 63

ÉCOLES NATIONALES PROFESSIONNELLES

(Armentières, Nantes, Vierzon, Voiron)

LES ÉCOLES
NATIONALES PROFESSIONNELLES

(Armentières, Nantes, Vierzon, Voiron)

PAR

J. ROUX

Directeu~~r~~ de l'École nationale professionnelle de Vierzon

———

BUT, ORGANISATION,
FONCTIONNEMENT, CONDITIONS D'ADMISSION
SUJETS DE CONCOURS

———

PARIS
LIBRAIRIE VUIBERT
63, BOULEVARD SAINT-GERMAIN, 63

TABLE DES MATIÈRES

LES ÉCOLES NATIONALES PROFESSIONNELLES

SUJETS DE CONCOURS

LES ÉCOLES NATIONALES PROFESSIONNELLES

Les Écoles nationales professionnelles sont actuellement au nombre de quatre et ont leur siège à Armentières (Nord), Nantes, Vierzon (Cher) et Voiron (Isère) Au 15 juin 1914, elles comptaient ensemble 1 686 élèves.

BUT

Ces établissements ont un double objet :

En premier lieu, elles fournissent aux diverses industries, plus spécialement aux industries mécaniques, des sujets instruits, exercés à la pratique d'un métier, et capables de devenir dans la suite, grâce à leurs connaissances scientifiques et techniques, des contre-maîtres, des chefs d'équipe, des chefs d'atelier, voire même des Directeurs d'usine ;

En second lieu, elles préparent leurs élèves aux Écoles professionnelles d'un ordre plus élevé *Écoles nationales d'arts et métiers* (¹) et Écoles spéciales diverses Instituts industriels, Écoles de chimie, etc .

ORGANISATION ; DURÉE DES ÉTUDES

La durée normale des études est de quatre années ; elle n'est que de trois ans pour les élèves qui se destinent à d'autres Écoles techniques

---

1 Il y a six Écoles nationales d'arts et métiers situées à Aix (Bouches du-Rhône), Angers, Châlons-sur-Marne, Cluny (Saône-et Loire), Lille et Paris

Nul n'est admis à passer d'une division dans la division supérieure s'il n'en a été reconnu digne par son travail et sa conduite durant l'année écoulée. « Le Conseil des professeurs, dit le règlement, arrête, en fin d'année scolaire, la liste des élèves admis à passer dans une division supérieure. Les autres élèves redoublent leur année d'études ou, s'il y a lieu, sont rendus à leurs familles. »

Les deux premières années sont consacrées à consolider et à étendre l'instruction générale des élèves en même temps qu'à commencer leur apprentissage industriel. Tous les élèves, durant les deux premières années suivent donc les mêmes cours, reçoivent les mêmes leçons, font les mêmes devoirs.

Au début de la troisième année, les élèves se répartissent en deux sections bien distinctes ; l'une dite *Section normale*, préparant directement à l'industrie, l'autre dite *Section spéciale*, préparatoire aux Écoles nationales d'arts et métiers et aux Écoles techniques du degré secondaire

Tout bon élève a le droit de se déterminer librement entre la Section normale et la Section spéciale.

« Pour être admis en Section spéciale, stipule l'article 16 de l'arrêté du 16 février 1903, il faut avoir obtenu pendant la durée de la dernière année d'études une moyenne générale supérieure à 12, la note moyenne 10 pour les travaux d'atelier et le dessin sans note particulière inférieure à 6 »

SECTION SPÉCIALE

Préparation aux Écoles nationales d'arts et métiers et aux autres Écoles techniques du degré secondaire.

La Section spéciale est fréquentée par les élèves qui se proposent de concourir pour les Écoles nationales d'arts et métiers et les Instituts industriels ou de sciences appliquées Le programme suivi est celui des examens qu'ils ont à subir

La durée des études en Section spéciale n'est que d'une année, les candidats qui échouent dans les concours peuvent être autorisés à redoubler après avis du conseil des professeurs.

La préparation s'est toujours faite dans d'excellentes conditions; chaque année, environ 120 élèves des quatre Écoles nationales professionnelles sont admis dans les Écoles d'arts et métiers.

SECTION NORMALE

Préparation directe à l'industrie.

Cette préparation constitue le but essentiel des Écoles nationales professionnelles. Elle s'effectue en Section normale où se trouvent par conséquent les élèves qui se proposent d'entrer immédiatement dans l'industrie pour y gagner leur vie et s'y créer une situation. En d'autres termes, cette division est composée des jeunes gens qui ne désirent pas continuer leurs études dans des établissements d'enseignement d'un ordre plus élevé.

Jusqu'en 1902, les études en Section normale ne duraient qu'une année. Depuis, on les a notablement renforcées et élevées et on a dû les répartir sur deux années, la *troisième* et la *quatrième*.

Au point de vue scientifique et technique elles embrassent:

Les mathématiques élémentaires (algèbre, avec notions élémentaires sur les fonctions et les dérivées, géométrie, géométrie descriptive et trigonométrie);

Électricité industrielle, chimie industrielle, mécanique théorique et appliquée, technologie, économie industrielle, législation ouvrière, hygiène industrielle, comptabilité et dessin industriel appliqué à la profession.

L'enseignement scientifique et technique est complété par des travaux pratiques et des manipulations dans les divers laboratoires de l'École, par des visites aux établissements industriels de la localité et des villes voisines.

L'organisation des études en troisième année, section normale, et en quatrième année a spécialement en vue la préparation directe à la vie industrielle; aussi le travail d'atelier, le dessin, la méca-

nique et la technologie y jouent-ils un rôle important ; les programmes prévoient pour chacune de ces matières :

MATIÈRES	3ᵉ ANNÉE (section normale)	4ᵉ ANNÉE
Mécanique	3 heures	3 heures
Technologie. . . .	3 heures	3 heures
Dessin industriel . . .	6 heures	6 heures
Travail d'atelier.	24 heures	30 heures

De plus, afin qu'après avoir appris à bien travailler les élèves
soient entraînés à une exécution rapide, l'horaire prévoit, au cours
du dernier trimestre de la quatrième année, une période dite d'en-
traînement pendant laquelle les jeunes gens travaillent surtout à
l'atelier, période intermédiaire entre la vie de l'École et celle de
l'usine dans laquelle ils vont bientôt entrer

SECTION D'ÉLECTRICITÉ INDUSTRIELLE

Il existe dans les Écoles nationales professionnelles des sections
d'électricité industrielle qui ont à leur disposition un laboratoire,
une salle d'essais de machines et un atelier.

Tous les élèves de troisième année, section normale, suivent les
cours d'électricité industrielle à raison de deux heures par semaine.
En quatrième année, les cours d'électricité sont réservés aux seuls
jeunes gens qui se font inscrire à la section d'électricité industrielle ; le programme comprend principalement : 1° un cours complet d'électricité industrielle avec études des courants continus et
des courants alternatifs ; 2° des manipulations, essais et mesures ;
3° des travaux d'atelier ; 4° un cours de dessin industriel appliqué
aux machines électriques.

ORGANISATION DES ÉTUDES
Dans les Écoles nationales professionnelles.

1ʳᵉ et 2ᵉ années

Les élèves consolident et étendent leur instruction générale, et
commencent leur apprentissage industriel.

Tous suivent les mêmes cours.

A la sortie de la 2ᵉ année, les familles ont à choisir entre la Section normale qui prépare directement à l'industrie et la Section spéciale qui prépare aux Écoles techniques du degré secondaire, notamment aux Écoles d'arts et métiers.

Section normale.	Section spéciale
Préparation directe à l'industrie	Préparation aux Écoles d'arts et métiers et aux l'coles techniques du degré secondaire
3ᵉ année	3ᵉ année
4ᵉ année.	Entrée aux Écoles d'arts et métiers
Entrée dans l'industrie	

Emplois occupés par les anciens élèves des Écoles nationales professionnelles :

Ajusteurs, tourneurs sur métaux, forgerons, menuisiers, modeleurs, mécaniciens, conducteurs de machines-outils, électriciens, traceurs, monteurs, dessinateurs, surveillants de travaux, représentants de maisons industrielles, chefs de fabrication, contremaîtres, chefs d'atelier, directeurs d'usines

DIPLOME D'ÉLÈVE BREVETÉ

Placement des élèves.

A la fin de leur 4ᵉ année, les élèves subissent un *examen de fin d'études*, à la suite duquel il leur est délivré officiellement, en cas de succès, par M. le Ministre du Commerce et de l'Industrie, un diplôme qui leur confère le titre d'*élève breveté des Écoles nationales professionnelles.*

Mais l'École ne borne pas là sa tâche ; elle ne peut abandonner au seuil de la vie les élèves qu'elle a préparés ; c'est pourquoi le Directeur, secondé par les membres du Conseil d'administration et du Comité de patronage s'occupe activement de leur trouver un emploi ; il y réussit aisément grâce à ses relations avec les industriels ; aucun élève ayant fait ses preuves de capacité ne sort d'une École nationale professionnelle sans être à même de gagner avantageusement sa vie.

Les jeunes gens préparés par les quatre écoles d'Armentières, Nantes, Vierzon et Voiron, se placent surtout dans les usines d'industries mécaniques s'occupant des branches suivantes : matériel et machines agricoles, machines outils, machines à vapeur, moteurs à explosion, automobiles, aéroplanes, menuiserie et modelage mécanique, appareils de levage, appareillage électrique, machines et moteurs électriques, etc..

Beaucoup d'établissements industriels, en France et même à l'étranger, comptent dans leur personnel d'anciens élèves des Écoles nationales professionnelles. Ils débutent le plus souvent comme ouvriers ou comme dessinateurs et se familiarisent peu à peu avec la vie active des usines ; par leurs connaissances techniques et leur instruction générale, ils se distinguent dans la masse des ouvriers et deviennent assez rapidement chefs d'équipe, contremaître, chefs d'atelier, etc. . Nous ne pouvons que recommander de consulter à ce sujet l'*Annuaire* publié chaque année par la *Société des anciens élèves des Écoles nationales professionnelles* qui compte actuellement 1 700 membres. La liste des situations occupées par les Sociétaires est une preuve éloquente et décisive de ce fait que les études normales dans les Écoles nationales professionnelles forment des jeunes gens capables d'arriver à des situations avantageuses dans l'industrie.

L'ENSEIGNEMENT

Pour faire comprendre aux familles dans quel esprit est donné l'enseignement dans les Écoles nationales professionnelles, nous ne saurions mieux faire que de reproduire ici une partie de l'introduction générale aux programmes

« .. .. Aux Écoles nationales professionnelles revient la tâche de former des ouvriers d'élite, capables de monter les machines, de régler, de vérifier le travail et de procéder aux essais de fonctionnement

« Ainsi l'apprentissage de la profession tient dans nos écoles la place la plus importante ; sans négliger le travail à la main, il familiarise les élèves avec l'emploi judicieux et raisonné des machines-outils qui joue un rôle capital dans l'industrie Dans cet enseignement comme dans tous les autres, la méthode est nécessaire ; les difficultés sont donc présentées dans un ordre bien gradué où tous les exercices, convenablement combinés se soutiennent mutuellement

« Mais l'habitude manuelle et la connaissance de la conduite des machines ne suffisent plus à l'élite ouvrière, les tours de main, les secrets du métier, tout cet empirisme ingénieux de l'ancien compagnon doit céder la place à la précision scientifique On l'a dit avec raison, l'usine moderne exige de la part de l'ouvrier plus de cerveau que de force physique C'est pourquoi, à l'apprentissage raisonné de la profession, les nouveaux programmes associent étroitement l'étude des mathématiques, des sciences physiques, de la mécanique et de l'électricité, ils font notamment au dessin, à la technologie, à la mécanique, dont les applications ont un lien intime avec les travaux de l'atelier, une part beaucoup plus large que les anciens. C'est surtout par leurs connaissances en mécanique, en technologie et en dessin que nos élèves affirmeront leur supériorité sur l'ouvrier ordinaire et qu'ils pourront devenir des contremaîtres et des chefs d'atelier éclairés

« Toutefois le professeur ne perdra jamais de vue qu'il n'a pas à former des ingénieurs ; il évitera donc avec soin toutes les questions qu'il n'est pas possible d'aborder dans un cours élémentaire et se bornera à celles dont la connaissance est utile à l'homme de métier, au praticien. Il se gardera de toute démonstration théorique dépassant le niveau des élèves et utilisera la méthode expérimentale toutes les fois qu'il le pourra A l'enseignement livresque, passif, basé sur la mémoire des mots, il préférera les méthodes actives qui mettent en œuvre l'effort personnel, la volonté, l'initiative. Apprendre en agissant, telle doit être la règle dans nos Écoles.

« Loin de s'isoler dans son cours et de le considérer comme se suffisant à lui-même, le professeur le rattachera constamment à la vie industrielle, à la profession ; il le rendra solidaire de celui de ses collègues ; les divers enseignements resteront donc en continuel contact.

« Ainsi l'accroissement de la somme des connaissances nécessaires à l'ouvrier moderne s'est traduit dans les programmes par d'importantes additions ; elles n'ont pu se faire sans retranchements corrélatifs : les programmes ont donc été allégés de toutes les lourdeurs qui les encombraient pour se borner aux notions indispensables. L'éducation professionnelle ne consiste pas en effet dans l'accumulation des connaissances ; elle en donne un nombre limité, mais elle les choisit avec soin de façon que l'élève possède, à son entrée dans l'industrie, toutes celles qu'exige l'exercice intelligent de sa profession. Elles lui sont enseignées de manière qu'il s'en serve avec jugement et sache au besoin rechercher les méthodes propres à résoudre les difficultés qui s'offriront plus tard à lui dans la pratique de la vie industrielle.

« Mais l'ancien élève d'École nationale professionnelle devenu contremaître aura à conduire des hommes, à guider des ouvriers. Pour s'acquitter convenablement de ce rôle délicat, il a besoin de cette autorité morale faite, chez le praticien, de la connaissance approfondie du métier, de la supériorité intellectuelle et aussi de la bonne éducation. C'est pourquoi les programmes font une place importante aux connaissances d'ordre général nécessaires à tout citoyen et qui aident puissamment à cultiver l'esprit, à former le caractère et le cœur.

« La préparation professionnelle contribue du reste efficacement à l'éducation générale du futur ouvrier ; bien comprise, elle exerce ses facultés d'observation et de réflexion ; elle lui permet d'acquérir du goût, des habitudes d'ordre, de méthode, des qualités de volonté et d'énergie qui lui sont indispensables non seulement pour exercer convenablement sa profession, mais encore pour occuper dignement la place qui lui est réservée dans la Société moderne. »

Ainsi malgré l'orientation nettement scientifique et technique des études, l'instruction générale et spécialement la culture littéraire ne sont pas négligées. Il suffit, pour l'établir, de constater que l'enseignement de la morale et des lettres (grammaire et orthographe, style, littérature, histoire et géographie) comprend 9 heures par semaine en 1re année et 7 heures en 2e année

Les langues vivantes ne figurent aux programmes qu'à titre facultatif; il leur est consacré 3 heures par semaine en 1re année et 2 heures dans chacune des autres années. Remarquons que le Décret du 14 août 1909 a introduit une épreuve écrite et une épreuve orale de langue vivante dans les programmes des matières exigées des candidats au concours d'entrée dans les Écoles d'arts et métiers.

CONDITIONS D'ADMISSION
ET INSCRIPTION DES ÉLÈVES

Les conditions d'admission aux Écoles nationales professionnelles ainsi que la réglementation des bourses d'État dans ces Écoles ont été fixées par divers arrêtés ministériels.

L'admission n'a lieu que par voie de concours.

Le nombre des places d'élèves internes et d'élèves externes mises au concours dans chacune des Écoles est arrêté par M. le Ministre du Commerce et de l'Industrie; en 1914, il a été fixé ainsi qu'il suit :

	INTERNES	EXTERNES	TOTAL
Armentières	75	35	110
Nantes..	70	50	120
Vierzon . . .	80	25	105
Voiron	75	35	110

CONDITIONS D'ADMISSION

Nul n'est admis à concourir s'il n'est Français et s'il ne justifie

qu'il a eu plus de douze ans et moins de quinze ans au 1ᵉʳ octobre
de l'année du concours.

INSCRIPTION DES CANDIDATS

Les candidats doivent se faire inscrire *avant le 15 juin* à la préfecture de leur département Ils joignent à leur demande (établir
cette demande sur timbre, y indiquer le lieu où le candidat désire
concourir) ([1]) :

1° Un extrait authentique de l'acte de naissance (sur papier
timbré, la signature du Maire doit être légalisée) ;

2° Un certificat constatant qu'ils sont d'une bonne constitution,
qu'ils peuvent se livrer sans danger aux travaux manuels, et qu'ils
ne sont atteints d'aucune maladie scrofuleuse ou contagieuse
(signature à faire légaliser par le Maire) ([2]) ;

3° Un certificat médical établissant qu'ils ont été revaccinés
dans l'année qui précède celle du concours (signature à faire légaliser par le Maire) ([2]) ;

4° Un certificat délivré par le Maire de leur commune constatant qu'ils jouissent de la qualité de Français ;

5° Un relevé certifié conforme de leurs notes de conduite et de
travail pendant la dernière année scolaire (signature à faire légaliser par le Maire) ;

6° Une note indiquant l'École nationale à laquelle ils désirent
être affectés Cette note devra indiquer en outre si le candidat
concourt pour une place d'élève interne ou pour une place d'élève
externe

Il est recommandé aux candidats d'indiquer nettement leur
choix : ils ne peuvent pas demander par exemple à être affectés à
l'École nationale professionnelle de A .. ou à défaut à celle de B. . ;

---

1 Les candidats pourront, sans autorisation spéciale, subir les épreuves dans
un département autre que celui dans lequel la famille est domiciliée

2 Ces deux pièces (nᵒˢ 2 et 3) peuvent être établies sur une seule feuille, en
un seul certificat

ni mentionner qu'ils concourent pour une place d'interne, ou à défaut pour une place d'externe.

ÉPREUVES DU CONCOURS

Les épreuves sont identiques pour toute la France Elles ont lieu entre le 10 juin et le 10 juillet, le même jour et aux mêmes heures, au chef-lieu de chaque département et au siège de chacune des Écoles nationales professionnelles, sous la surveillance d'une commission nommée par le Préfet (Arrêté du 20 juin 1914, art 6).

Les candidats sont informés de la date de l'examen par les soins des préfectures

Le concours ne comporte que des *épreuves écrites*, elles comprennent

1° Une dictée de quinze lignes environ suivie de quelques questions de grammaire ;

2° Une composition française sur un sujet simple ;

3° Une page d'écriture (ronde, bâtarde, grosse, moyenne et fine cursive) ,

4° Une composition d'arithmétique dans la limite du programme du cours supérieur des écoles primaires élémentaires ,

5° Des questions sur l'histoire de France depuis 1610 jusqu'à nos jours et sur la géographie de la France et de ses colonies

Ces épreuves sont des plus élémentaires et à la portée des élèves ayant suivi pendant un an un cours supérieur d'école primaire ; chaque année, entrent dans les Écoles nationales professionnelles des candidats qui ont été très bien préparés dans les Écoles primaires élémentaires par des instituteurs Les élèves des cours complémentaires et des Écoles primaires supérieures, les élèves des lycées, collèges et institutions ayant achevé soit leur cinquième, soit leur quatrième A ou B sont assurément dans de bonnes conditions pour se présenter au concours d'entrée dans les Écoles nationales professionnelles.

Il faut remarquer que l'épreuve d'histoire ne porte que sur l'histoire de France de 1610 à nos jours et celle de géographie sur la géographie de la France et de ses colonies

Il n'y a pas de livres rédigés spécialement pour la préparation au concours d'entrée ; tous les bons ouvrages en usage dans les cours supérieurs et complémentaires de nos Écoles primaires peuvent parfaitement servir.

Les instituteurs ne doivent pas seulement préparer leurs candidats à subir dans de bonnes conditions les épreuves du concours d'entrée, mais encore à suivre les cours de 1re année des Écoles nationales professionnelles ; il est évident que les jeunes gens qui entrent dans ces établissements en possédant quelques notions très élémentaires de géométrie et d'algèbre ont plus de chance de se classer convenablement que ceux de leurs camarades qui n'ont jamais étudié ces matières.

Voici à ce propos et à titre d'indication, la liste des matières du programme de 1re année avec le nombre des heures consacrées par semaine à chacune d'elles :

Matière	Heures	
Morale. . .	1 heure	par semaine
Français (grammaire et orthographe style, lecture et récitation)	5 heures	—
Histoire, instruction civique	1 h 1/2	—
Géographie .	1 h 1/2	—
Langues vivantes (facultatives)	3 heures	—
Arithmétique	1 h 1/2	—
Algèbre.. .	1 h 1/2	—
Géométrie .	3 heures	—
Physique .	1 h 1/2	—
Chimie .	1 h. 1/2	—
Dessin d'ornement et dessin industriel	6 heures	—
Écriture	1 heure	—
Atelier	9 heures	—
TOTAL .	37 heures	

Soit, par jour, en moyenne. 4 heures et demie de cours et une heure et demie de travail à l'atelier.

APPRÉCIATION DES ÉPREUVES

Pour chaque École, une commission désignée par le Ministre

est chargée de corriger les compositions des candidats et de dresser la liste d'admissibilité.

Les candidats dont les notes antérieures de travail et de conduite sont peu satisfaisantes peuvent être éliminés par la commission

Sont admissibles ceux qui ont réuni pour l'ensemble des épreuves 40 points au moins, soit, les deux cinquièmes du maximum.

NOMINATION DES ÉLÈVES

Sur le vu de la liste d'admissibilité établie par la commission susvisée, le Ministre nomme les nouveaux élèves ; la liste en est publiée au *Journal Officiel*.

RENTRÉE

La rentrée est fixée au premier lundi d'octobre pour les internes ; les externes rentrent le lendemain à 8 heures du matin.

Tout élève qui ne s'est pas présenté à la date indiquée ci-dessus est considéré comme démissionnaire sauf les cas d'excuse légitime, soumis à l'approbation du Directeur de l'École.

CONGÉS ET VACANCES

Le congé de Noël et du Jour de l'An commence le 24 décembre et finit le 3 janvier au soir

Celui de Pâques s'ouvre le mercredi qui précède cette fête et prend fin le deuxième mardi qui suit.

Les grandes vacances sont fixées du 1ᵉʳ août au 1ᵉʳ lundi d'octobre. Toutefois, les familles qui le désirent ont la latitude de retirer leurs enfants dès le 14 juillet.

Il n'y a pas d'autres congés, ni à la Toussaint, ni au Mardi-Gras, ni à la Pentecôte.

LES BOURSES

1° Bourses nationales.

Chaque année, à la suite du concours d'entrée, un certain nombre de bourses ou fractions de bourse peuvent être accordées par l'État, pour la durée de leurs études, aux élèves dont les familles ont préalablement fait constater l'insuffisance de leurs ressources

DEMANDES DE BOURSES

Les demandes de bourses doivent être déposées à la préfecture *avant le 15 mai,* et être accompagnées de la feuille de contributions du pétitionnaire, ainsi que d'un état de renseignements indiquant notamment les charges de la famille et ses ressources. Ce dernier état doit être certifié sincère et véritable par le Maire

Le Préfet transmet au Ministre avant le 15 juin, en y joignant son avis, les dossiers des demandes de bourses

Il y a donc trois pièces à produire.

1° La demande de bourse Elle doit être rédigée par le père de famille à l'adresse de M. le Ministre du Commerce et de l'Industrie, sur feuille de papier timbrée à 0ᶠʳ,60.

2° La feuille de contributions ou, à défaut, un certificat de non-imposition délivré par le percepteur ;

3° L'état de renseignements indiqué ci-dessus (la direction de chaque École en tient à la disposition des intéressés)

Il est recommandé de joindre aux dossiers de demandes les pièces d'inscription au concours énumérées plus haut ; de cette façon on ne fera qu'un seul envoi

BOURSES ATTRIBUÉES AU COURS DES ÉTUDES
À TITRE DE RÉCOMPENSES.

Chaque année, un certain nombre de bourses ou fractions de bourse sont réservées pour être attribuées, à titre de récompenses, à des élèves dont la situation de famille justifie le concours de l'État et ayant terminé leur première, leur deuxième ou leur troisième année d'études.

Ces bourses sont accordées après avis du Conseil des professeurs

Suppression de bourses

Les bourses ou fractions de bourse peuvent être supprimées définitivement ou temporairement en cas de mauvaise conduite ou d'insuffisance de travail

La suppression pour insuffisance de travail est prononcée par le Ministre sur la proposition du Directeur et l'avis du Conseil des professeurs.

Les élèves dont la note de conduite semestrielle est inférieure à 12 perdent, par ce fait même constaté par une délibération du Conseil des professeurs, la jouissance de leur bourse

La restitution des bourses ou fractions de bourse peut être opérée dans les mêmes formes

2° Autres bourses.

Bourses départementales

De nombreux conseils généraux votent des bourses ou fractions de bourse en faveur de certains élèves méritants de leurs départements respectifs Les familles qui désirent solliciter une bourse départementale ont à s'adresser directement à la préfecture de leur département

Bourses de villes, de chambres de commerce, de compagnies de chemins de fer

Des villes, des chambres de commerce accordent également des bourses à des élèves d'Écoles nationales professionnelles dont la situation de famille et de fortune est digne d'intérêt Enfin, certaines compagnies de chemins de fer Nord, Paris-Orléans, Paris-

Lyon-Méditerranée ont institué des bourses pour les fils de leurs agents qui fréquentent les Écoles nationales professionnelles.

DE LA PENSION DES ÉLÈVES

(Arrêté du 5 avril 1913.)

Pension. — Le prix annuel de la pension varie selon les diverses années d'études. Il a été fixé ainsi qu'il suit par l'article Ier de l'arrêté du 5 avril 1913 :

1re année..	500 francs
2e année..	550 —
3e année (Section normale) . . . }	600 —
4e année . . . . }	
3e année (Section spéciale)	700 —

Le prix de pension, quel qu'il soit, doit toujours être payé en trois termes et d'avance dans les dix premiers jours de chaque trimestre à raison de trois dixièmes à partir du 1er octobre, trois dixièmes à partir du 1er janvier et quatre dixièmes à partir du 1er avril.

Le mois d'octobre se paye toujours en entier : un élève qui rentrerait en retard ne pourrait donc être dispensé de le payer.

Toute famille en retard pour le paiement des frais de pension est mise en demeure après avis préalable, de s'acquitter ou de retirer son enfant.

Tout élève quittant l'Établissement doit, en entier, le terme commencé.

Demi-pension. — Le prix annuel de la demi-pension est fixé, pour chaque année d'études, à la moitié du prix de la pension entière.

FOURNITURES DIVERSES

Tout élève doit verser chaque année une somme de cinquante francs, pour achat de fournitures classiques, autres que les livres et le matériel de dessin, et pour achat de matières premières devant servir aux travaux d'atelier et aux manipulations. Cette rétribution est, comme la pension, payable en trois termes et d'avance

REMISE D'ORDRE

(Arrêté du 16 février 1903, art 3)

Une remise d'ordre est accordée aux familles des élèves décédés ou exclus ou à celles qui retirent leurs enfants dans le courant d'un terme, pour raisons majeures dûment constatées. maladie, changement de résidence, admission dans une autre École de l'État, etc. Ces remises sont accordées par le Ministre sur la demande de la famille et après avis du Directeur de l'École

Toute quinzaine commencée est acquise à l'Établissement

RÉDUCTION DU PRIX DE PENSION

(Même arrête, art 4)

Toute famille ayant plusieurs enfants pensionnaires ou demi pensionnaires dans la même École peut obtenir une réduction du prix de la pension du plus jeune, lorsqu'elle en fait la demande au Ministre.

Cette réduction, qui est inscrite au nom du plus jeune des enfants. est établie sur la base suivante

1° En cas de deux frères, 1/8 de l'ensemble des pensions et demi-pensions à la charge de la famille ;

2° En cas de trois frères, 1/6 de ces mêmes frais.

La même réduction peut être accordée aux Établissements et Sociétés qui entretiennent des bourses dans les Écoles nationales professionnelles au profit des enfants de leurs employés. Elle est de 1/5 pour chaque boursier lorsque le nombre des bourses entretenues est au moins égal à cinq.

DÉPOT DE GARANTIE

Un dépôt de garantie de 10 francs pour dégradation ou objets perdus est exigé de tous les élèves au commencement de chaque année scolaire.

Ce dépôt est remboursé en fin d'année après déduction de la somme due par les élèves.

Le tableau suivant indique les sommes que les familles doivent verser chaque trimestre dans la caisse de l'Économe :

ANNÉES D'ÉTUDES	EN OCTOBRE 3/10		EN JANVIER 3 10		EN AVRIL 4/10	
1re année.	150 fr.		150 fr.		200 fr.	
2e année	165 fr.	Plus 15 fr pour fournitures classiques et 10 fr de dépôt de garantie	165 fr	Plus 15 fr pour fournitures classiques.	220 fr.	Plus 10 fr. pour fournitures classiques
3e année (Section normale) et 4e année .	180 fr		180 fr		240 fr	
3e année (Section spéciale) . .	210 fr.		210 fr.		280 fr	

OBSERVATIONS. — 1° Les élèves boursiers doivent, comme les autres, opérer le versement des sommes pour fournitures et masse, sur lesquelles il n'est fait aucune remise.

2° Pour tout versement dépassant 10 fr , il est nécessaire d'ajouter 0fr,25

Dans le prix de la pension sont compris les frais de nourriture, de literie, de blanchissage, d'infirmerie, de menu raccommodage du linge, de fournitures scolaires et d'atelier, autres que les livres et le matériel de dessin.

TROUSSEAU

Un trousseau dont la composition est portée à la connaissance des familles après chaque concours, doit être fourni par tout élève interne. La valeur de ce trousseau dépasse 200 francs

A titre exceptionnel, le Ministre peut accorder, pour frais de trousseau, des allocations ne dépassant pas 200 francs en 1re année et 50 francs les années suivantes (Décret du 13 février 1903, art. 11).

SUJETS DE CONCOURS

ANNÉE 1901

Composition française.
(Durée 1 heure 1 2)

LE CHIEN

I — Le chien, animal domestique ;

II. — Ses qualités. Parlez notamment de sa docilité, de son courage, de son affection pour ses maîtres, de son oubli des mauvais traitements, de sa fidélité ;

III. — Les diverses sortes de chiens. Services divers qu'elles rendent à l'homme ;

IV. — Terminer, si possible, par un récit où l'on montrera le dévouement, réel ou imaginaire, d'un chien.

N B — Le texte ci-dessus est dicté posément et écrit au tableau noir

Écriture.
(Durée 3 4 d heure)

« Dans un État libre comme la France, on peut discuter les lois existantes, proposer les moyens de les améliorer, essayer par la persuasion de convertir les autres à ces projets d'amélioration, mais, quand le suffrage universel a prononcé, il faut se soumettre, par patriotisme et par esprit de concorde à la volonté du plus grand nombre »

N B — Le texte ci-dessus est dicté et écrit au tableau noir Les candidats reproduisent ensuite ce texte autant de fois qu'il est besoin dans une page qui contient : deux lignes d'écriture de grosse cursive à 8 millimètres environ, quatre lignes d'écriture de moyenne cursive a 5 millimètres environ et six lignes d'écriture en fine cursive (1)

Orthographe et Grammaire.
(Durée 1 heure 1/4)

VOLTAIRE

Ce que Voltaire fut le moins, c'est égoïste. Dans la première partie

---

1 À partir de 1914, il a été exigé deux lignes d'écriture ronde et deux lignes d'écriture bâtarde

de sa vie, simple littérateur, il est avant tout préoccupé de sa gloire ; mais plus tard, à cet âge où, fatigué des mirages décevants, on dit : « A quoi bon ? » son ambition s'élève, il se dégage des petitesses de son passé, et, au lieu de jouir, en sybarite repu, de son opulence et de sa renommée, il se jette à corps perdu dans le combat pour le progrès et l'humanité. Il forge sa plume en dard aigu et il la pousse en se jouant au cœur de toutes les sottises et de tous les abus. Il ne découvre nulle part une difformité sociale sans la dénoncer, non en pessimiste qui en exulte, mais en philanthrope qui veut la guérir. L'avènement de Turgot lui ouvrit les cieux : il crut l'avenir assuré, la révolution écartée. Son renvoi le consterne : « Ce coup de foudre, écrit-il, m'est tombé sur la cervelle et sur le cœur. » Est-ce là le cri d'un égoïste ? A quoi donc surtout s'est employé l'ascendant de Voltaire sur l'opinion européenne ? A pourchasser et à maudire l'intolérance, la plus haïssable des aberrations, à exalter la raison, ce qu'il y a de véritablement divin en nous. Si ce sont là des actes d'égoïste, béni soit l'égoïsme ! Grâce à lui, l'intolérance théologique est morte à jamais

Émile OLLIVIER

Questions de Grammaire

I — Expliquer le sens des mots suivants : *égoïsme* . *mirages décevants* . *sybarite*. . *philanthrope*. *pessimiste*.

II. — Analyser grammaticalement les mots suivants.
fatigué (. où, fatigué des mirages décevants .),
la (... qui veut la guérir...),
ascendant (.. l'ascendant de Voltaire),
béni soit et *égoïsme* (. béni soit l'égoïsme).

III. — Conjuguer au passé indéfini de l'indicatif et au plus-que-parfait du subjonctif le verbe *s'élever*

N. B — Le texte est lu, puis dicté et enfin relu. La ponctuation n'est pas dictée, sauf les points de la fin des phrases

En ce qui concerne les questions de grammaire et pour gagner du temps, il n'est pas procédé à une dictée, les candidats soulignent dans le texte même les mots à expliquer ou à analyser. On ne doit rien écrire au tableau, ni rien épeler

Arithmétique.

(Durée 2 heures)

I — Un vase étant plein d'eau, on lui fait équilibre avec 26 pièces de 5ᶠʳ en argent, 3 pièces de 2ᶠʳ et 9 pièces de 0ᶠʳ,20, lorsqu'il est vide, on lui fait équilibre avec 9 pièces de 5ᶠʳ en argent, 3 de 0ᶠʳ,10 et 7 de 0^{fr},01. On demande la contenance du vase en litres et en centilitres

II. — Les frais nécessaires pour extraire le cuivre contenu dans un quintal de minerai s'élèvent à 5^{fr},75. On a acheté, à raison de 18^{fr} le quintal, une certaine quantité de minerai dont la teneur en cuivre est de 12 % Sachant que par les opérations d'extraction on perd les $\frac{2}{100}$ du cuivre que contient le minerai, on demande à quel prix revient le quintal de cuivre

III. — Une vis avance de $\frac{3}{10}$ de millimètre en 7 tours : combien fera-t-elle de tours pour avancer de 4^{mm},5 ?

N B — Les problèmes ci-dessus sont lus, dictés, puis relus à haute voix Les nombres qu'ils renferment sont écrits très lisiblement au tableau noir On recommande expressément aux candidats de reproduire, en marge de leur travail, toutes leurs opérations de calcul Ils sont avertis que leurs notes sont abaissées s'ils n'observent pas cette prescription.

Histoire et Géographie.
(Durée 1 heure 1/2)

Histoire.

I. — La République a été proclamée trois fois en France.
A quelles dates et dans quelles circonstances ?

II. — Racontez sommairement, mais avec autant de précision que possible, l'histoire de la seconde République.

Géographie

I. — Description physique de la Bretagne.

II. — Départements formés par cette ancienne province ; chefs-lieux, sous-préfectures et villes principales

III. — Carte de la Bretagne.

N. B — Pour faciliter la correction, la question d'histoire et la question de géographie doivent être rédigées sur des feuilles distinctes

On s'assure pour cette composition, comme pour les autres d'ailleurs, que les candidats inscrivent bien leur nom en tête de chaque feuille (1)

---

1 Ces prescriptions sont appliquées tous les ans Elles ne seront donc pas répétées pour les concours suivants

Même remarque pour la durée des épreuves

ANNÉE 1902

Composition française.

Un enfant de votre âge rêvait qu'il était homme et qu'il était riche. Jouet de son imagination, il voyait son habitation, ses occupations, le bien qu'il faisait autour de lui . Puis son rêve s'envola et il revint au sentiment de la réalité.

Mettez-vous à sa place et décrivez vos conceptions et vos impressions.

Écriture

La paresse produit l'ignorance, l'inconduite et la misère ; elle laisse les champs en friche, les ateliers vides, les fermes, les villages et les villes sans bien-être, sans industrie, sans moralité

Orthographe et Grammaire.

LE VIGNERON FRANÇAIS.

Le vigneron est vigoureux, laborieux et tenace. Le vigneron est toujours en peine Il est penché vers la terre. Le sol exerce sur lui une attraction si forte qu'il s'incline pour le saisir de plus près et que son corps en reste courbé Il n'y a que le vigneron français que l'on voie ainsi plié en deux, dans sa vieillesse par le travail de la houe. Il est, plus encore que l'herbager, propriétaire et petit propriétaire, car la terre de vigne coûte cher et le labeur est constant Il est donc étroitement attaché au sol, car il l'aime plus pour le travail que pour la possession. Il tient plus à la vigne qu'au pays. Qu'on lui donne quelque part, en Algérie ou en Tunisie, un coteau bien exposé, et le voilà parti : il s'attache à ce nouveau sol comme un cep transplanté

Le vin qu'il boit lui donne de la gaieté, de la finesse, de l'œil, comme on dit, et de l'ouverture d'idée Le pampre fleurit sur son visage Le vigneron de Touraine, d'Anjou et du Poitou est toujours du pays de Rabelais Le Bourguignon est de belle humeur, beau diseur, parfois éloquent Tout cela fait un fond excellent ; et ces petits vignerons sont de la race de ces fantassins bien guêtrés, bien ficelés, secs et hâlés sous le shako, qui, d'un pas court et vif, ont fait le tour de l'Europe. Qui dira la grande misère qu'il y eut, en France, quand la vigne fut frappée ? Nos maux viennent de là, et c'est d'avoir su y porter remède que nous viendra, peut-être, la guérison.

G HANOTAUX

Questions de Grammaire

I — Analyser grammaticalement chacun des mots de la phrase suivante « *Il tient plus à la ligne qu'au pays.* »

II. — Conjuguer le verbe *plier* aux trois temps suivants.
a) imparfait, mode indicatif, voix active,
b) présent, mode conditionnel, voix passive,
c) imparfait, mode subjonctif, voix pronominale

III — Donner le sens du mot *herbager*. Énumérer les mots de la même famille en les définissant et, au besoin, en citant des exemples de leur emploi.

Arithmétique.

I — Un négociant vend une pièce d'étoffe dans les conditions suivantes. 1° les $\frac{2}{7}$ de la pièce à 2^{fr},45 le mètre; 2° le tiers du reste à 2^{fr},80 le mètre; 3° enfin ce qui reste à 2^{fr},10 le mètre.

Sachant que ce dernier coupon était de 16 mètres et que le négociant a fait, dans l'ensemble de ces ventes, un bénéfice de 12 °/₀ sur le prix d'achat, on demande quel était son prix d'acquisition total

II — On emploie dans un atelier 36 ouvriers, hommes, femmes et enfants Le nombre des hommes est double de celui des femmes, et celui-ci est les $\frac{5}{3}$ du nombre des enfants

La journée d'un homme vaut 1^{fr},75 de plus que celle d'une femme et 3^{fr},25 de plus que celle d'un enfant. Le salaire total pour 6 journées de travail de ces 36 ouvriers s'élevant à 750^{fr}, on demande ·
1° le nombre des ouvriers de chaque catégorie ;
2 le prix de la journée pour chaque sorte d'ouvriers

Histoire et Géographie.

Histoire

Le Consulat Comment a-t-il été amené et organisé? Quelle a été sa durée? Quelle a été son œuvre, tant à l'intérieur qu'à l'extérieur?

Géographie

Que savez-vous sur chacune des villes suivantes Nancy, Besançon, Nice Lorient et Cette?

ANNÉE 1903

Composition française.

Quelle idée vous faites-vous du courage ?

Montrez qu'il existe plusieurs sortes de courage, et, vous aidant de vos souvenirs littéraires et historiques, donnez des exemples de chacune d'elles.

Montrez ensuite que les enfants et les écoliers ont l'occasion en bien des circonstances, d'imiter ces grands exemples et de prouver qu'ils sont courageux.

Vous terminerez en indiquant quelles sont vos résolutions à ce sujet tant pour l'avenir que pour le présent.

Écriture.

L'enfant qui sait souffrir sans se plaindre, supporter courageusement un malheur ou une maladie, s'attire la sympathie et l'estime de tous ; on a le droit de fonder sur lui de sérieuses espérances.

Orthographe et Grammaire.

La source de l'Ain.

Rien ne décèle l'entonnoir où sourd la grande rivière jurassienne quand on en a atteint le rebord masqué par les arbres. Nous n'avons pas de guide, le cocher ignore le chemin et ne peut quitter ses chevaux ; un faucheur nous enseigne l'amorce d'un sentier où nous nous engageons. Dès les premiers pas, on pourrait croire que l'on descend dans un cratère. Vu de certains détours d'où l'œil peut plonger, on dirait un puits sans fond aux parois envahies par la verdure. Le sentier, si sentier il y a, est à peine visible ; pour le suivre sans chutes, il faut s'accrocher aux branches. Que de glissades suivies d'éclats de rire !

Enfin voici le plus creux du gouffre. Les arbres disparaissent, nous sommes dans un bel hémicycle de roches aux entablements majestueux. Dans le fond s'entr'ouve un antre allongé, plein d'une eau verte et immobile, précédé d'un petit lac où se reflètent le ciel bleu et le cratère aux arbres sombres — Nous faisons l'excursion en une période de sécheresse ; la grotte ne vomit pas d'eau, le lit de la rivière n'est qu'un couloir de rochers moussus, sans suintement D'ordinaire, la source jaillit avec force, les eaux bondissent, la petite grève du lac disparaît, un torrent furieux remplit la gorge de rumeurs Aujourd'hui la naïade est sans force, mais l'Ain n'en vient pas moins au jour ; il coule sous les roches et va bientôt former un courant presque aussitôt utilisé par les usines

ARDOUIN-DUMAZET. (*Voyage en France.*)

Questions de Grammaire

I. — Analyse logique de la phrase suivante: *Dès les premiers pas, on pourrait croire que l'on descend dans un cratère*

II. — Différentes acceptions du mot *période* — Remarque au sujet du genre de ce nom — Citez, en les définissant, quelques autres noms qui changent de genre en même temps que de sens

III — Sens du mot *hémicycle*. — Énumérez les mots de la même famille en les définissant et en citant au besoin des exemples de leur emploi.

Arithmétique.

I. — Un commerçant est établi pour trois ans Pendant la première année, son capital s'est accru de ses $\dfrac{3}{7}$ Pendant la deuxième année, il a diminué du huitième de ce qu'il était après la première année. Enfin le bénéfice réalisé pendant la troisième année a égalé le douzième du capital primitif Sachant qu'au bout des trois ans, l'avoir du commerçant s'est élevé à 224000ᶠʳ, on demande de calculer 1° le capital primitif, 2° le capital à la fin de la première et à la fin de la seconde année

II — Un cultivateur achète à raison de 4500ᶠʳ l'hectare un champ de forme rectangulaire ayant 160ᵐ de long sur 85ᵐ,40 de large. Il se propose de payer comptant la moitié de la dette qu'il a contractée et le reste dans six mois avec les intérêts à 4 3/4 % On demande de trouver le montant de chaque versement

Histoire et Géographie.

Histoire

Le dix-septième siècle — Quels sont les hommes de génie qui dans les diverses branches de l'activité humaine, ont illustré ce siècle qu'on a appelé le siècle de Louis XIV? Dites ce que vous savez sur les plus illustres d'entre eux

Géographie

Le Plateau central Son étendue Chaînes ou plateaux qui le composent. Principaux cours d'eau. Productions agricoles Richesses minérales. Principales villes. Croquis de cette région

ANNÉE 1904

Composition française.

Décrivez au gré de vos observations ou de vos lectures les habitudes et les occupations des abeilles et des fourmis Faites connaître les réflexions que les unes et les autres vous suggèrent, et montrez les leçons morales que l'écolier et l'homme lui-même peuvent en tirer.

Écriture.

La calomnie est comme la guêpe qui vous importune, et contre laquelle il ne faut faire aucun mouvement, à moins qu'on ne soit sûr de la tuer, sans quoi elle revient à la charge plus furieuse que jamais.

(CHAMFORT)

Orthographe et Grammaire.

Dictée

LA POLITESSE DANS L'ÉDUCATION.

La politesse est chose exquise, socialement parlant, et même d'une sérieuse valeur morale, puisque c'est la forme aimable de cette vertu cardinale, le respect des personnes Elle vaut infiniment quand elle est l'expression d'un respect et d'une bienveillance vrais ; et quand seulement elle les imite, elle vaut toujours mieux que son contraire Sans elle, point de civilisation délicate Les parents ont donc raison d'y tenir D'autant plus que, au point de vue des avantages temporels, dont ils ne sauraient se désintéresser, la fortune d'un homme en ce monde dépend souvent moins de son mérite réel que d'un certain don de plaire au premier abord par la façon dont il se présente Mais il n'est pas vrai que l'Université ait jamais méconnu ces vérités élémentaires. Elle a toujours fait primer dans son estime, comme ils priment naturellement aux yeux des élèves, ceux de ses maîtres qui joignaient aux mérites de fond toutes les formes du gentleman Aujourd'hui, en tout cas, tout en prisant encore, comme elle le fera toujours, le fond plus que la forme, elle s'applique expressément à cultiver chez ses élèves la dignité et l'aisance des manières, cette bonne tenue et cette bonne grâce, si peu naturelles aux enfants dans l'âge ingrat, mais qui ajoutent tant au charme de la jeunesse. À qui fera-t-on croire que ses maîtres, aussi bien nés que les autres, choisis et préparés avec soin, d'une culture raffinée, vivant dans le monde et souvent ne le cédant à personne comme homme du monde, soient à cet égard d'une incapacité particulière ?

Henri MARION (*L'Education dans l'Université*)

Questions de Grammaire.

I — Analysez grammaticalement les mots de la phrase suivante « *Mais il n'est pas vrai que l'Université ait jamais méconnu ces vérités élémentaires* »

II — Etablir la distinction entre les verbes transitifs et les verbes intransitifs Donnez des exemples Dire si un verbe intransitif peut se conjuguer à la voix passive

Arithmétique.

I — Un train de chemin de fer se rend de Paris à Brest avec une vitesse de 30^{km} à l'heure Parvenu aux $\frac{2}{3}$ de sa course le mécanicien augmente de 8^{km} par heure la vitesse de la locomotive Sachant que le départ de Paris a eu lieu à 7 heures 10 du matin, que la distance de Paris à Brest est de 624^{km}, on demande à quelle heure le convoi arrivera à Brest

II. — Un particulier laisse à sa famille les $\frac{3}{4}$ de sa fortune, il en donne le $\frac{1}{7}$ aux pauvres et le $\frac{1}{3}$ du reste à un musée La somme qui lui reste après avoir fait ces trois dons est placée à intérêts simples au taux de 5 °, pendant 4 ans 6 mois, au profit d'une institution de bienfaisance Au bout de ces 4 ans 6 mois cette institution reçoit une somme de 9800 fr capital et intérêts réunis On demande le chiffre 1° de la fortune du défunt ; 2° de la part de la famille, 3° de celle des pauvres ; 4° de celle du musée

Histoire et Géographie.

Histoire

Résumer l'histoire de la politique extérieure de la France sous les règnes de Louis XV et de Louis XVI

Géographie

1° Carte, aussi complète que possible, du littoral français de la Méditerranée,

2° Description physique de la côte,

3° Que savez-vous sur les principaux ports qui s'y trouvent ?

ANNÉE 1905

Composition française

Votre oncle, l'an passé, à l'occasion du nouvel an, vous a donné une montre. Décrivez-la et dites le plaisir que ce joli cadeau vous a causé

Puis, faisant parler votre montre, vous lui prêterez des conseils sur l'ordre, la ponctualité, la régularité, la persévérance dans l'effort quotidien, ces qualités si précieuses à tout âge de la vie

Pour terminer, vous vous demanderez si vous les avez toujours suivis, et, dans la négative, vous direz pourquoi vous êtes résolu à l'avenir à les mieux mettre en pratique

Ecriture.

Vous aimons la terre qui nous a vus naître, à laquelle se rattachent nos premières affections et nos premiers souvenirs, comme nous aimons notre mère.

(RENAN)

Orthographe et Grammaire.

Dictée.

L'HIVER A LA CAMPAGNE

On s'imagine à Paris que la nature est morte pendant six mois, et pourtant les blés poussent dès l'automne et le pâle soleil des hivers — on est convenu de l'appeler comme cela — est le plus vif et le plus brillant de l'année. Quand il dissipe les brumes, quand il se couche dans la pourpre étincelante des soirs de grande gelée, on a peine à soutenir l'éclat de ses rayons. Même dans nos contrées froides, et fort mal nommées tempérées, la création ne se dépouille jamais d'un air de vie et de parure Les grandes plaines fromentières se couvrent de ces tapis courts et frais, sur lesquels le soleil, bas à l'horizon, jette de grandes flammes d'émeraude Les prés se revêtent de mousses magnifiques, luxe tout gratuit de l'hiver Le lierre, ce pampre inutile, mais somptueux, se marbre de tons d'écarlate et d'or Les jardins mêmes ne sont pas sans richesse; la primevère, la violette et la rose de Bengale rient sous la neige. Si le rossignol est absent, combien d'oiseaux de passage, hôtes brillants et superbes, viennent s'abattre et se reposer sur le bord des eaux! Et qu'y-a-t-il de plus beau que la neige, lorsque le soleil en fait une nappe de diamants? Et quel plaisir n'est-ce pas de se sentir en famille, auprès d'un bon feu, dans ces longues soirées de campagne, où l'on s'appartient si bien les uns aux autres, où le temps même semble nous appartenir, où la vie devient toute morale et toute intellectuelle en se retirant en nous-mêmes?

George SAND (*Histoire de ma vie*, III. 47-48)

Questions de Grammaire

I — Qu'entend-on par verbes pronominaux? Comment les classe-t-on? Donnez des exemples pour chaque catégorie. Donnez l'énumération des six premiers verbes pronominaux qui se trouvent dans la dictée. Analysez grammaticalement le premier et le sixième.

II — Quels sont les adjectifs qui, dans la première phrase de la dictée, sont employés au superlatif? Qu'entend-on par le superlatif? Dites ce que vous savez sur les degrés de signification dans les adjectifs.

Arithmétique.

I — On a trois vases: le premier a une capacité de $1092^{c.c}$, le deuxième, de 2520^{cnc}, et le troisième de 2772^{cme}. On demande de trouver le volume d'un quatrième vase, le plus grand possible et tel qu'on puisse avec lui remplir exactement les trois autres. On demande en outre de dire combien de fois il faudra verser dans chacun des trois premiers vases le contenu du quatrième pour les remplir.

II — Une fontaine peut remplir un bassin en 45 minutes. Un premier robinet peut vider ce bassin en 1 heure 12 minutes, un deuxième peut également le vider en 2 heures 30 minutes. En admettant que les $\frac{8}{15}$ du bassin aient été remplis au préalable, on demande au bout de combien de temps le bassin sera rempli si l'on admet que la fontaine et les deux robinets coulent ensemble.

III. — Une usine à gaz emploie de la houille telle que 100^{kk} de houille fournissent par distillation 22 mètres cubes $\frac{1}{2}$ de gaz d'éclairage. Cette usine alimente annuellement 3645 becs pendant 1500 heures et on sait qu'un bec consomme 130 litres de gaz par heure. Sachant que l'hectolitre de houille pèse 81^{kk}, on demande: 1° combien cette usine consomme d'hectolitres de houille par an, 2° le bénéfice brut qu'elle réalise annuellement si le mètre cube de houille se vend 35^{fr} et l'hectolitre de gaz $0^{fr},03$, 3° le taux auquel on devra placer ce bénéfice annuel pour qu'il rapporte un intérêt égal à $1053^{fr},10$ en 150 jours.

Histoire et Géographie.

Histoire

Résumer d'une façon succincte, mais précise, l'histoire de l'Assemblée nationale Constituante.

Géographie

Le bassin de la Garonne.

Son étendue. Chaînes ou plateaux qui le déterminent. Principaux cours d'eau qui l'arrosent.

Productions agricoles. Richesses minérales. Voies de communication. Les principales villes.

Croquis général de ce bassin.

ANNÉE 1906

Composition francaise.

Parmi les fables de La Fontaine que vous avez lues ou apprises par
cœur, vous choisirez celle que vous préférez

Vous raconterez cette fable

Vous direz pourquoi vous l'avez choisie et quelle leçon on en peut
tirer

Écriture.

Mes amis, il faut apprendre à respecter la loi dès l'école Un enfant
qui s'habitue à la violer continuera de le faire quand il sera un homme
Or, on est un mauvais citoyen si on n obéit pas aux lois

Orthographe et Grammaire.

Dictée

LE RÉVEIL D'UN CAMP ROMAIN

Épuisé par les travaux de la journée, je n'avais, durant la nuit, que
quelques heures pour délasser mes membres fatigués Souvent il m'ar-
rivait, pendant ce court repos, d'oublier ma nouvelle fortune, et lorsqu'aux premières blancheurs de l'aube, les trompettes du camp venaient
à sonner l'air de Diane, j'étais étonné d ouvrir les yeux au milieu des
bois Il y avait pourtant un charme à ce réveil du guerrier échappé
aux périls de la nuit Je n'ai jamais entendu, sans une certaine joie
belliqueuse, la fanfare du clairon, répétée par l'écho des rochers, et
les premiers hennissements des chevaux qui saluaient l'aurore J'aimais
à voir le camp plongé dans le sommeil, les tentes encore fermées, d'où
sortaient quelques soldats à moitié vêtus, le centurion qui se promenait
devant les faisceaux d'armes en balançant son cep de vigne, la senti-
nelle immobile qui, pour résister au sommeil, tenait un doigt levé dans
l'attitude du silence, le cavalier qui traversait le fleuve coloré des feux
du matin, le victimaire qui puisait l'eau des sacrifices, et souvent un
berger, appuyé sur sa houlette, qui regardait boire son troupeau

CHATEAUBRIAND (*Les Martyrs*)

Questions de Grammaire

1 — En quelques mots et sans phrases, établissez le plan de ce morceau

II — D'après vous, que pouvait être celui que Chateaubriand faisait parler ainsi ?

III — Que signifie *belliqueux* ? Citez d'autres mots de la même famille et donnez également leur signification

IV. — Analysez grammaticalement *« d'où sortaient quelques soldats à moitié velus »*

Arithmétique.

I — Une personne achète un champ de 42 ares $\frac{7}{10}$ à raison de $2^{fr},19$ le mètre carré Elle paye comptant les $\frac{5}{6}$ du prix d'achat, et s engage à payer le reste dans 15 mois avec un intérêt de 5 °/   Quelle somme au bout de ce temps remettra-t-elle au guichet, si la poste prélève 1 °/₀ de l'envoi, plus $0^{fr},15$ d'enregistrement et $0^{fr},15$ de timbre ?

II — Pendant une première année, une personne augmente son avoir de $\frac{2}{15}$, pendant l'année suivante, elle augmente également de $\frac{2}{15}$ le total de son nouvel avoir Si l'augmentation, au lieu d'être de $\frac{2}{15}$ chaque année, eût été de $\frac{3}{15}$, cette personne aurait eu, au bout de la 2ᵉ année, 7000^{fr} de plus On demande le montant de son avoir primitif.

III — Étant donné un produit de deux facteurs, dire ce qu'il deviendra si l'on ajoute 3 au premier facteur et 5 au second
Vérifier sur un exemple numérique

Histoire et Géographie.

Histoire.

La politique extérieure et les guerres du règne de Napoléon III.

Géographie

La frontière française du Nord et du Nord-Est, de Dunkerque à Belfort Décrivez-la et faites-en le croquis

ANNÉE 1907

Composition française.

Dans une lettre à un ami, exposez les raisons qui vous engagent à entrer dans les Écoles nationales professionnelles. Dites comment vous comptez vous y comporter si vous y êtes admis, ce que vous voulez y faire et faites-lui part de vos projets d'avenir.

Écriture.

L'ordre a trois avantages : il soulage la mémoire, il ménage le temps, il conserve les choses. Le désordre a trois inconvénients : l'ennui, l'impatience et la perte de temps.

Orthographe et Grammaire.

Dictée.

LE LEVER DU SOLEIL

On le voit s'annoncer de loin par les traits de feu qu'il lance devant lui. L'incendie augmente, l'orient paraît tout en flammes. À leur éclat, on attend l'astre longtemps avant qu'il se montre. A chaque instant, on croit le voir paraître. On le voit enfin. Un point brillant part comme un éclair et remplit aussitôt tout l'espace : le voile des ténèbres s'efface et tombe. L'homme reconnaît son séjour et le trouve embelli. La verdure a pris, durant la nuit, une vigueur nouvelle. Le jour naissant qui l'éclaire, les premiers rayons qui la dorent, la montrent couverte d'un brillant réseau de rosée qui réfléchit à l'œil la lumière et les couleurs. Les oiseaux, en chœur, se réunissent et saluent de concert le père de la vie : en ce moment, pas un seul ne se tait. Leur gazouillement, faible encore, est plus lent et plus doux que dans le reste de la journée. Il se ressent de la langueur d'un paisible réveil. Le concours de tous ces objets porte aux sens une impression de fraîcheur qui semble pénétrer jusqu'à l'âme. Il y a là une demi-heure d'enchantement auquel nul homme ne résiste. Un spectacle si grand, si beau, si délicieux n'en laisse aucun de sang-froid.

J.-J. ROUSSEAU

Questions de Grammaire

I. — Expliquez les expressions : *le voile des ténèbres, en chœur, de concert, de sang-froid*.

II. — Indiquez, à l'aide d'exemples, les divers sens du verbe *réfléchir*.

III. — Conjuguez le verbe *se taire*

a) au passé indéfini,
b) à l'impératif.

IV. — Analysez grammaticalement « *Un point brillant part comme un éclair* »

Arithmétique.

I — Une ménagère qui s'approvisionnait à la ville dépensait pour son ménage les $\frac{3}{4}$ du salaire de son mari Depuis qu'elle prend ses marchandises à la coopérative, elle ne dépense plus que les $\frac{2}{3}$ de ce même salaire et réalise ainsi une économie annuelle de 75^{fr} Sachant que son mari travaille en moyenne 300 jours par an, on demande quel est le salaire quotidien de cet ouvrier

II — Deux entrepreneurs de menuiserie ont entrepris la boiserie d'un appartement Le premier y a employé 3 ouvriers pendant 15 jours et le deuxième 15 ouvriers pendant 10 jours L'ouvrage complet ayant été payé 380^{fr}, quelle est la part revenant à chaque entrepreneur ?

III — Comment calcule-t-on oralement
1° Le produit de 16 par 25 ?
2° Le produit de 250 par 36 ?

Histoire et Géographie.

Histoire

I — Qu'est-ce que la période des Cent Jours ? Histoire succincte de cette période

II — Énumérez les principales expéditions coloniales de la 3ᵉ République

Géographie

I — Citez
a) Les bassins houillers de France avec, pour chacun d'eux, leurs principales villes,
b) Les autres centres de mines et de carrières avec l'indication des produits qu'on en extrait,
c) Trois centres importants d'industrie textile avec l'indication de leur spécialité

II. — Nommez
a) Dans l'ordre où ils se présentent, en allant de Dunkerque à Bayonne, les ports faisant le transport des voyageurs (indication des destinations principales),
b) Les principales voies ferrées traversant notre frontière Est de Dunkerque à Nice en désignant les réseaux auxquels elles appartiennent, leurs grands points d'attache en France et à l'étranger, la principale gare française proche de la frontière

III — Faites un croquis sommaire du contour de la France et placez-y les ports, les voies ferrées ainsi que les stations ci-dessus demandées

ANNÉE 1908

Composition française.

Vous supposerez qu'un morceau de houille raconte son histoire : Origine. — Sommeil séculaire — Le réveil · l'extraction ; travail du mineur. — Le morceau de houille aura le droit d'être fier de sa destinée ; il sera l'aliment nécessaire, le pain de l'industrie moderne.

Écriture.

De toutes les consolations, le travail est la plus fortifiante et la plus saine parce qu'il soulage l'homme, non en lui apportant des douceurs. mais en lui demandant des efforts.

TAINE.

Orthographe et Grammaire.

LA RÉVOLUTION ET LE SENTIMENT DE LA PATRIE

On ne peut nier que le sentiment de la patrie existât sous l'ancien régime Ce que la Révolution ajouta n'en fut pas moins immense Elle y ajouta l'idée de l'unité nationale et de l'intégrité du territoire Elle étendit à tous le droit de propriété réservé jusque-là à un petit nombre, et de la sorte partagea, pour ainsi dire, la patrie entre les citoyens En donnant aux paysans la faculté de posséder, le nouveau régime leur imposa du même coup l'obligation de défendre leur bien effectif ou éventuel. Prendre les armes est une nécessité commune à quiconque acquiert ou veut acquérir des terres À peine le Français jouissait-il des droits de l'homme et du citoyen, avait-il ou pensait-il avoir pignon sur rue et champs au soleil, que les armées de l'Europe coalisée vinrent pour le « rendre à l'antique esclavage » Le patriote alors se fit soldat Vingt-trois ans de guerres, avec l'alternative fatale des victoires et des défaites, affermirent nos pères dans l'amour de la patrie et la haine de l'étranger.

Depuis lors, les progrès industriels ont suscité d'un pays à l'autre des rivalités qui s'exercent chaque jour plus âprement Les modes actuels de la production, en multipliant entre les peuples les antagonismes, ont créé l'impérialisme, l'expansion coloniale et la paix armée

Anatole FRANCE (*Histoire de Jeanne d'Arc, Préface*)

Questions de Grammaire

I. — Définir l'expression *avoir pignon sur rue*. — Qu'est-ce qu'un bien effectif? — un bien éventuel?

II. — Donner la racine du mot *immense*, le définir et citer des mots de la même famille

III. — Analyser grammaticalement *La Révolution étendit à tous le droit de propriété*

IV — Faire trois phrases contenant le mot *que* Dans la première il sera pronom relatif, dans la deuxième conjonction, et dans la troisième adverbe

Arithmétique.

I — Un terrain rectangulaire a un périmètre de 1530 mètres, sa largeur est les $\dfrac{4}{13}$ de sa longueur , on le vend pour une certaine somme qui, placée à intérêts simples à 4 % pendant un an et demi, est devenue, capital et intérêts réunis, 1674 ^{fr},70 Quel est le prix de l'are de ce terrain ?

II. — On retire d'un fût les $\dfrac{2}{3}$ de sa contenance moins 30 litres On retire une deuxième fois les $\dfrac{3}{5}$ du reste Le fût contient encore 72 litres Quelle est la capacité du fût ?

III — Comment divise-t-on une fraction par un nombre entier ? Appliquez votre règle à la division de $\dfrac{9}{13}$ par 3

IV — Comment calcule-t-on ordement le produit de 36 par 2,5 ?

Histoire et Géographie.

Histoire

I — Quels furent les Ministres réformateurs de Louis XVI ? Quelles réformes Turgot essaya-t-il ? Pourquoi fut entreprise la guerre d'Amérique et quel en fut le résultat ?

II. — Qu'entend-on par le Blocus Continental ? A quelles guerres entraîna-t-il Napoléon ?

Géographie

I — Dites ce que vous savez des cinq grands ports français dont les noms suivent : Marseille, Le Havre, Bordeaux, Dunkerque et Nantes.

Situation, population, importance commerciale; marchandises importées et exportées, pays étrangers avec lesquels ils sont surtout en relation ; par quelles voies de communication (rivières, canaux et chemins de fer) reçoivent-ils les marchandises qu'ils exportent ?

II. — Carte des cours d'eau du bassin du Rhône et des canaux qui les mettent en relation avec les bassins avoisinants indiquer sur la carte les villes les plus importantes arrosées par ces cours d'eau

ANNÉE 1909

Composition française.

L'OUVRIER SANS TRAVAIL

Un ouvrier jeune et sans infirmités se présente a votre père et lui demande la charité, sous prétexte qu'il ne peut trouver aucun travail Votre père lui pose quelques questions et acquiert la conviction qu'il a devant lui un ouvrier peu intéressant (Faites parler votre père et l'ouvrier.) Vous assistez à la conversation, quelles réflexions naissent en vous et quelles déterminations prenez-vous pour le moment ou, à votre tour, vous ferez partie de la grande famille ouvrière?

Écriture.

Nous sommes victimes, nous autres hommes, d'un vieux reste de ce préjugé féodal qui regardait toute occupation manuelle comme une occupation servile, et qui ne permettait a un homme de condition élevée que le métier des armes

E LEGOUVÉ

Orthographe et Grammaire.

SAINT-MALO

Saint-Malo, bâti sur la mer et clos de remparts, semble, lorsqu'on arrive, une couronne de pierres posée sur les flots, dont les machicoulis sont les fleurons. Les vagues battent contre les murs, et, quand il est marée basse, déferlent à leur pied sur le sable De petits rochers couverts de varechs surgissent de la grève a ras du sol, comme des taches noires sur cette surface blonde Les plus grands, dressés à pic et tout unis, supportent de leurs sommets inégaux la base des fortifications, en prolongeant ainsi la couleur grise et en augmentant la hauteur

Au-dessus de cette ligne uniforme de remparts, que çà et là bombent des tours, et que perce ailleurs l'ogive aiguë des portes, on voit les toits des maisons serrés l'un près de l'autre, avec leurs tuiles et leurs ardoises, leurs petites lucarnes ouvertes, leurs girouettes découpées qui tournent et leurs cheminées de poterie rouge dont les fumignons bleuâtres se perdent dans l'air.

Tout alentour, sur la mer, s'élèvent d'arides îlots sans arbres ni gazon, sur lesquels on distingue de loin quelques pans de murs percés de meurtrières, tombant en ruines, et dont chaque tempête enlève de grands morceaux.

Gustave FLAUBERT

Questions de Grammaire.

I — Donnez la définition des mots : machicoulis, meurtrières, déferler.

II. — Indiquer la nature et la fonction du mot *tout* dans *tout unis*

III. — Décomposei étymologiquement le mot *uniforme* et trouver 5 mots ayant la même racine

IV. — Que signifie l'expression « *surgissent de la grève à ras du sol* »

V. — Quelle est la fonction des mots *tours* et *ogive* dans la 1re phrase du 2e alinéa : *Au-dessus de cette ligne*, etc

VI — Analyser logiquement la 2e phrase de la dictée *Les vagues* jusqu'à : *sur le sable*

Arithmétique.

I — Si un cultivateur vendait sa récolte en blé 20fr l'hectolitre, il pourrait, avec le produit de cette vente, solder le prix d'acquisition d'une propriété rurale et il lui resterait 560fr, mais il ne vend son blé que 17fr,50 l'hectolitre, il va être obligé d'emprunter 1 260fr pour ladite propriété On demande 1 le nombre d'hectolitres de la récolte, 2° la surface en hectares de la propriété, sachant qu'elle vaut en moyenne 0fr,112 le mètre carré

II. — Une personne, qui a placé son capital à intérêts simples, retire au bout d'un an et six mois, capital et intérêts compris, une somme de 25 440 francs Sachant que les intérêts représentent les $\frac{3}{50}$ du capital, on demande 1° le capital placé, 2° le taux du placement, c'est-à-dire l'intérêt de 100 fr pendant un an

III — Dire, sans faire l'opération, si le nombre 28 497 est divisible par 9 Dans le cas de la négative, quel nombre minimum faudrait-il ajouter à 28 497 pour que la division puisse se faire ?

IV. — Calculer oralement le prix de 650gr de viande à 24 sous la livre Indiquer la manière d'opérer.

Histoire et Géographie.

Histoire

I — Quelles sont les mesures prises par Colbert pour développer l'industrie française ? le commerce français ? Que pensez-vous de ces mesures ?

II. — Qu'entend-on par acte additionnel aux Constitutions de l'Empire ?

III. — La guerre de Crimée causes, faits, résultats

Géographie.

I. — Carte des Alpes françaises, cours d'eau qui en descendent, principaux cols, vallées importantes, grandes routes des Alpes

II — Énumérez les productions principales de l'Algérie, — de la Tunisie, — du Soudan français, — du Congo, — de Madagascar — Que fournit la France à ces différentes colonies ? Par quels ports français et coloniaux se font les échanges ?

ANNÉE 1910

Composition française.

Un jeune homme de 25 à 3o ans, après avoir recueilli un petit capital que ses parents lui laissèrent en mourant, partit en Amérique pour faire rapidement fortune. Après quelques années passées à la tête d'une entreprise agricole, il dut quitter ce pays où la fortune se faisait trop attendre. Il est aujourd'hui de retour en France et, dernièrement, il est venu voir votre père, lui a raconté son voyage en Amérique et lui a fait part en même temps des déceptions qu'il a éprouvées dans ce pays où, croyait-il, il suffit de travailler modérément pour s'enrichir très vite.

Vous assistiez à ce récit, reproduisez-le

Écriture.

Un passé héroïque, des grands hommes, de la gloire, j'entends de la véritable, voilà le capital social sur lequel on assied une idée nationale

Ernest RENAN

Orthographe et Grammaire.

L'ÉDUCATION DANS LA FAMILLE

Mon éducation était toute dans les yeux plus ou moins sereins et dans le sourire plus ou moins ouvert de ma mère. Elle ne me demandait que d'être vrai et bon. Je n'avais aucune peine à l'être : mon père me donnait l'exemple de la sincérité jusqu'au scrupule ; ma mère, de la bonté jusqu'au dévouement le plus héroïque. Mon âme, qui ne respirait que la bonté, ne pouvait pas produire autre chose. Je n'avais jamais à lutter ni avec moi-même, ni avec personne. Tout m'attirait, rien ne me contraignait. Le peu qu'on m'enseignait m'était présenté comme une récompense. Mes maîtres n'étaient que mon père et ma mère ; je les voyais lire et je voulais lire, je les voyais écrire, et je leur demandais de m'aider à former mes lettres. Tout cela se faisait en jouant aux moments perdus, sur les genoux, dans le jardin, au coin du feu du salon, avec des sourires, des badinages, des caresses. J'y prenais goût ; je provoquais moi-même les courtes et amusantes leçons.

J'ai ainsi tout su, un peu plus tard, il est vrai, mais sans me souvenir comment j'ai appris et sans qu'un sourcil se soit froncé pour me faire apprendre.

LAMARTINE. (Les Confidences)

Questions de Grammaire

I. — Donnez le sens du mot *serein* dans la première phrase. Quels en sont les homonymes avec leur signification ?

II — Analyser grammaticalement les mots :

bonté (de la *bonté* jusqu'au dévouement le plus héroïque)

le peu (*le peu* qu'on m'enseignait m'était présenté)

leur }
m' } je *leur* demandais de *m'*aider

III. — Dans la phrase : Mon âme qui ne respirait. , remplacer le verbe *produire* par un autre verbe

IV. — Analyser logiquement cette dernière phrase « Mon âme qui .. »

Arithmétique.

I. — Un terrain rectangulaire dont les dimensions sont 195^m,60 et 184^m,70, a produit en moyenne 2 040 litres de blé à l'hectare Sachant que ce blé pèse 78^k l'hectolitre et que toute la récolte a fourni 3 046^{kg},72 d'amidon, on demande quel a été le rendement pour cent de ce blé en amidon

II. — Un propriétaire a acheté 150^{mc} de pierre Pour les payer, il offre une terre ou un pré valant ensemble 2 100^{fr} S'il donne la terre, il devra encore 375^{fr}, s'il donne le pré, on devra lui rendre 75^{fr} On demande

1° Le prix d'un mètre cube de la pierre,

2° La contenance de chaque terrain, sachant que la terre vaut 12 500^{fr} l'hectare et le pré 1^{fr},45 le mètre carré

III — Effectuer mentalement l'opération suivante et d indiquer la marche suivie

$$3° \times 7 + 45 \times 7 + 23 \times 7$$

IV — Quelle est la plus grande des deux fractions $\dfrac{3}{4}$ et $\dfrac{5}{7}$? Indiquer la manière d'opérer

Histoire et Géographie.

Histoire

I — Dire quelques mots sur Condé et Turenne

Lequel préférez-vous ? Pourquoi ?

II — Combien y a-t-il eu de gouvernements républicains en France ?

Durée de chacun d'eux. Quelle fut l'œuvre principale de la 2e République ?

III — La guerre franco-allemande 1870-1871. Ses causes Faits principaux jusqu'à la chute de l'Empire Quel traité l'a terminée? Principales clauses de ce traité

Géographie

1. — Énumération des montagnes, collines, plateaux, vallées et plaines de la France Caractères généraux du relief français, leurs conséquences physiques, politiques, commerciales

II — Carte des chemins de fer du réseau d Orléans, principales localités desservies par ces lignes

ANNÉE 1911

Composition française.

Vous avez terminé vos études et votre apprentissage manuel ; dans une lettre à vos parents vous exposez les raisons qui vous engagent à solliciter un emploi dans les ateliers d'une maison à l'étranger.

Écriture.

Ampère était d'une distraction légendaire. Un jour, il se mit à calculer sur la caisse noire d'un fiacre, avec le bout de craie qu'il portait toujours sur lui. Le fiacre se mettant en marche, le mathématicien le suivit en courant pour continuer ses équations.

Orthographe et Grammaire.

SOUS LES CHUTES DU NIAGARA.

Rien ne peut rendre l'état où vous met l'averse brutale et pesante qui vous assaille, le déluge torrentiel qui tombe sur votre tête et vos épaules, s'insinue par tout le corps malgré la toile goudronnée. Vous essayez de lever les yeux en l'air pour voir au moins quelque chose, mais vous êtes aussitôt puni de votre curiosité par des gifles humides qui claquent sur la peau avec un bruit de battoir, vous aveuglent et vous étourdissent ; c'est le baptême de cent gargouilles qui se vident ; vous êtes sous une écluse qui vient de crever et dont le bruit de mer en démence vous assourdit. Je criais à mon guide d'aller plus vite ; ma voix se perdait dans le fracas des trombes, je le poussai par les épaules, mais un vent tourbillonnant m'obligea à m'accrocher au parapet et je dus me résigner à marcher à pas comptés sous l'inondation, sans rien voir et sans penser à autre chose qu'à ma colère

J. HURET.

Questions de Grammaire.

I — Définir les expressions « avec un bruit de battoir », « marcher à pas comptés », « s'insinue par tout le corps »

II — Donner l'étymologie du mot *accrocher*, trouver cinq mots de la même racine.

III — Analyser logiquement « c'est le baptême de cent gargouilles qui se vident »

IV. — Indiquer la nature et la fonction du mot *rien* « Rien ne peut .»

Arithmétique.

I — Comment calcule-t on oralement les produits suivants

$$24 \times 11, \qquad 38 \times 11, \qquad 52 \times 1,5$$

II. — Rendre la monnaie de $87^{fr},25$ sur 100^{fr}.

III — Est-ce qu'un nombre entier terminé par le chiffre 7 peut être un carré parfait?

IV — L'exécution d'un modèle a nécessité 21 journées de travail a $6^{fr},50$ et 212^{fr} de bois, la consommation des pointes, vis, colle, etc s'est élevée à $11^{fr},50$ et les frais généraux à 30 °₀ Ayant expédié le modèle après le délai convenu, le modeleur a été obligé de payer une amende de 30^{fr}. Son bénéfice a été de 10 °₀ sur le prix de revient. On demande à quel prix il avait consenti la livraison du modèle.

Histoire et Géographie.

I. — Que vous rappellent Dupleix, Lamartine, Thiers, Faidherbe, Pasteur?

II — Pourquoi et comment a été établi le protectorat de la France en Tunisie?

Géographie.

I — Carte du littoral de Dunkerque à Brest en indiquant les embouchures des fleuves, les ports principaux, les produits d'importation ou d'exportation qui font l objet du commerce de ces ports

II. — Quels chemins peuvent suivre des marchandises expédiées à New-York, soit de Roubaix, soit de Lyon?

Les voyageurs qui quittent ces deux villes pour se rendre à New-York suivront-ils le même trajet?

ANNÉE 1912

Composition française.

Expliquer le proverbe :

« C'est en forgeant qu'on devient forgeron »

Écriture.

L'instruction qui n'aboutit pas à l'éducation est plus nuisible qu'utile à l'ordre social.

Orthographe et Grammaire.

TOUT TRAVAIL A DROIT AU RESPECT ET A L'ESTIME

Il faudrait d'abord que le peuple le plus spirituel du monde apprît à estimer le travail. Malheureusement les travailleurs eux-mêmes ont les idées les plus fausses sur leur mérite respectif. Le négociant qui n'a pas d'enseigne à sa maison se croit supérieur à ceux qui en ont une ; le marchand en gros prend le pas sur le détaillant, le détaillant sur le revendeur, le revendeur sur l'ouvrier, l'ouvrier des villes sur l'ouvrier des campagnes Entre ouvriers, il y a des catégories, un classement aristocratique Les imprimeurs prennent la tête ; les chiffonniers, les vidangeurs, les égoutiers ferment la marche Tous les autres corps d'état se croient au-dessus d'eux ; eux-mêmes, j'en ai peur, se placent par une modestie absurde et sans motif au-dessous de tous les autres Et pourquoi? Parce que leur travail est plus pénible et plus rép gnant? Mais, pauvres imbéciles que vous êtes, plus grands sont les dégoûts et les difficultés, plus il est honorable de les vaincre ! Les premiers en ce monde sont les meilleurs et les plus utiles Soyez honnêtes gens, ne roulez pas dans l'ivrognerie et la débauche et, tout en remplissant vos hottes, en roulant vos tonneaux, en balayant vos égouts, vous prendrez le pas sans difficulté sur les petits messieurs qui s'enivrent au café.

Les musulmans, qui n'ont pas l'habitude d'être cités en exemple, raisonnent moins sottement que nous sur la question du travail Ils disent qu'un homme doit être honoré par ses vertus et sa sagesse, quel que soit le métier qui lui donne du pain. Dans les bazars de Constantinople, on vous montrera les talebs que le peuple consulte et vénère : celui-ci fait des babouches, celui-là raccommode les vieux burnous

Comment donc s'appelait ce philosophe grec qui tirait de l'eau durant la nuit pour gagner sa vie? Pendant le jour, il donnait sa sagesse pour rien

E ABOUT

Questions de Grammaire

I — Analyser grammaticalement « *apprit* » dans la 1re phrase de la dictée.

II. — Remarque que vous suggère le mot « *enseigne* »

III — Qu'appelle-t-on *corps d'état*?

IV — Analyser logiquement : « *Les musulmans, qui n'ont pas l'habitude d'être cités en exemple, raisonnent moins sottement que nous sur la question du travail* ».

Arithmétique.

I. — Un quincaillier achète du fer à 17fr,50 les 100 kilogrammes, il en revend $\frac{3}{4}$ avec un bénéfice de 25 %, et le reste avec une perte de 10 % sur le prix d'achat. Le total des deux ventes lui procure un bénéfice net de 200fr. Quel est le poids du fer acheté?

II. — Faire rapidement les calculs suivants

$$1532 \times 13 + 1532 \times 17,$$
$$128 \times 0,75,$$
$$38 \times 11.$$

III. — Partager une somme de 252 francs entre 3 personnes, de telle sorte que la seconde ait les $\frac{3}{4}$ de la part de la première et que la part de la troisième soit égale à la $\frac{1}{2}$ somme des parts des 2 autres

Histoire et Géographie.

Histoire

I. — Dire quelques mots sur Colbert, Turgot, Paul Bert.

II. — Quel but poursuivait Napoléon Ier en décidant le Blocus Continental? A-t-il réussi?

III. — Comment les Colonies françaises se sont-elles augmentées sous la 3e République?

Géographie

I. — Quel parcours doit faire le charbon anglais débarqué au Havre pour arriver à Saint-Quentin

1° par voie de fer,

2° par voie d'eau?

II — Justifier l'importance des ports de Boulogne-sur-Mer, Brest, Cette.

III — Les Colonies françaises de l'Océanie

ANNÉE 1913

Composition française.

Faire connaître quelles sont les ressources principales de la commune que vous habitez : agriculture, industrie, commerce.

Écriture

Il est tout petit, mon village. Je ne vous dirai pas comment il s'appelle : je ne le dénoncerai pas aux Parisiens en quête de verdure et de tranquillité. Ce serait bientôt le village de tout le monde, ce ne serait plus mon village

Orthographe et Grammaire.

Le village

Il est tout petit, mon village. Je ne vous dirai pas comment il s'appelle : je ne le dénoncerai pas aux Parisiens en quête de verdure et de tranquillité. Ce serait bientôt le village de tout le monde ; ce ne serait plus mon village

Sachez seulement qu'il est à quinze lieues de Paris Mon Dieu ! oui, pas davantage Par les nuits sans lune et sans nuages, on peut, en regardant bien, voir l'horizon teinté de rouge : c'est le reflet adouci de la perpétuelle illumination de la grande ville. Impossible d'en être à la fois plus près et plus loin Pas de chemin de fer, pas même de diligence, ni télégraphe, ni bureau de poste, ni médecin, ni gendarmes Un coin de terre oublié, ou, si vous aimez mieux, épargné par la civilisation, un nid perdu dans un fourré ; un village, vous dis-je, un vrai village ! Avec ses toits rouges qui émergent du milieu des arbres, on le prendrait, de loin, pour une rose mousseuse qui fait craquer son corset vert.

Il se pelotonne frileusement sur le penchant d'une colline qui se chauffe en plein midi. A ses pieds, une étroite vallée où une ligne sinueuse de saules et de peupliers révèle et cache une petite rivière ; sur sa tête, un vaste plateau ou le regard file en tous sens, à perte de vue Il a bien su ce qu'il faisait en se blotissant à mi-côte, mon village En bas, les brouillards d'automne qui noient tout sous leurs vagues floconneuses ; en haut, le vent qui, les jours de tempête, balaye tout de son souffle impérieux Mais, à lui les caresses du soleil et de la brise..

Georges RENARD

Questions de Grammaire

I — Expliquer comment on pourrait *prendre de loin le village pour une rose mousseuse qui fait craquer son corset vert*

II — Quels sont les homonymes du mot *saule?*

III — Nature et fonction des propositions contenues dans la phrase : *Je ne vous dirai pas comment il s'appelle*

IV — Mettre au passé indéfini le premier alinéa de la dictée

V — Nature du mot *en* dans les différentes phrases de la dictée, du mot *tout* dans : en *tous* sens et dans qui noient *tout*

Arithmétique.

I — Réduire à sa plus simple expression la fraction $\dfrac{212}{336}$. Justifier les opérations

II — Quelles sont les mesures effectives de longueur , leurs usages?

III — Multiplier rapidement 53 par 0,5, 0,25, 0,90; 1,10; 0,9

IV. — Un marchand de bois achète un tronc de hêtre sur pied qu'il calcule à vue d'après la méthode suivante il élève au carré la circonférence moyenne ; multiplie ce carré par la longueur du tronc, puis par 0,08 Le débitage lui coûte 9ᶠʳ le mètre cube, il veut réaliser un bénéfice de 10 %, le prix de vente du mètre cube de hêtre débité étant 80ᶠʳ, dire quel prix le marchand doit donner du tronc sur pied , ce dernier mesure 6 mètres de long et 1ᵐ,10 de circonférence moyenne

Histoire et Geographie.

Histoire

I. — Quelles ont été les conséquences de la révocation de l'Édit de Nantes?

II — Que savez-vous sur Colbert, Law, Mirabeau, Guizot, J Ferry?

III — Quelles ont été les causes de la guerre franco-allemande de 1870?

Géographie

I. — Où trouve-t-on le minerai de fer en France? Quelles sont les voies de communication employées pour le transporter des lieux d'extraction : 1° à Valenciennes, 2° au Creusot?

II — Principaux ports de la Manche et nature de leur commerce. Causes de leur importance

ANNÉE 1914

Composition française.

Les dangers de l'ignorance. — Montrez que l'ignorant est un homme incomplet : beaucoup de joies lui sont refusées, beaucoup de dangers le menacent, il est incapable de remplir tous ses devoirs

Écriture.

Branche de l'enseignement professionnel, avec lequel il ne doit pas être confondu, l'enseignement technique industriel et commercial a principalement pour objet, sans préjudice d'un complément d'enseignement général, l'étude théorique et pratique des sciences et des arts ou métiers en vue de l'industrie ou du commerce.

N B — Le texte ci-dessus est dicté aux élèves, puis écrit au tableau noir Les candidats ont à le reproduire autant de fois qu'il est nécessaire dans une page contenant :

2 lignes de ronde de 6 mm 2 lignes de bâtarde de 6 mm 4 lignes de grosse cursive de 8 mm. 4 lignes de moyenne cursive de 4 mm Quelques lignes de fine cursive pour finir la page (¹)

Orthographe et Grammaire.

LA VIEILLE MAISON

Dans un vallon discret, où court un ruisseau, au milieu des grands arbres, on aperçoit de loin le pignon rouge de la vieille demeure. C'est une maison modeste, sans luxe et sans ornements, mais dont l'ensemble a je ne sais quoi de réjouissant, d'honnête et d'hospitalier.

Les murs épais protègent bien contre la chaleur et le froid. Le toit élevé, recouvert de bonnes tuiles, abrite un vaste grenier où la lessive peut sécher, ainsi que les oignons et les pommes de terre

Les fenêtres un peu étroites, pour mieux résister au vent, et munies encore de leurs petits carreaux, sont encadrées de vigne vierge et de clématites dont les fleurs se balancent et embaument au moindre souffle du vent Le balcon est en vieux fer forgé, les pigeons perchent sur la girouette, et, devant la porte dort un gros chien, les pattes allongées.

---

1 Mêmes prescriptions pour le concours de 1915

Tout est tranquille et calme dans l'enclos, les arbres y poussent à l'aise ainsi que des êtres aimés dont on tolère les caprices, et les plantes s'y étalent comme en un bois sacré

Longez ce vieux mur qui cache ses lézardes sous un manteau de lierre et de mousse, poussez la petite porte verte disjointe et grinçante, la cloche tinte, les merles et les fauvettes, qui bavardaient dans la verdure, s'envolent par douzaine en accrochant les branches, d'ou la rosée tombe comme une pluie de perles sur les violettes du gazon

Rien d'aimable et de charmant comme ces vieilles demeures ou, de génération en génération, le fils, à l'heure ou les cheveux blancs apparaissent, venait pieusement prendre la place du père, s'asseoir dans son fauteuil, boire dans son gobelet d'argent, et, satisfait, ayant fourni sa tâche, achevait de vivre tranquillement sous le toit ou il était né.

Gustave DROZ

Questions de Grammaire.

I. — Nature et fonctions des mots pris dans le dernier paragraphe : *où* — *sous* — *s'* — *satisfait*.

II. — Analyser grammaticalement · « *Les murs épais . .. et le froid* ».

III. — Expliquer la phrase : « *Tout est. . un bois sacré* »

IV. — Mots de la même famille que · *accrocher.*

Arithmétique.

I — *Calcul mental* 17×9, 16×19, 38×11

Combien a reçu un apprenti qui a travaillé 280 jours à raison de $0^{fr},75$ par jour ?

Prix de 12 poulets à $2^{fr},75$ l'un

II — Un marchand achète un lot de moutons à trois prix. Il a payé le $\frac{1}{3}$ à raison de 21^{fr} par tête, les $\frac{2}{5}$ à raison de 19^{fr} et le reste à raison de 15^{fr}. Il revend le tout pour la somme de 1674^{fr} et gagne ainsi $\frac{1}{5}$ du prix d'achat De combien de moutons se composait le lot ?

III — Dans un vase cubique de $0^{m},60$ de côté, on verse 18 décalitres 5 décilitres de liquide

1° Combien peut-on en mettre encore ?

2° A quelle hauteur s'élève le liquide dans le vase ?

Histoire et Geographie.

Histoire

I. — Comment se sont modifiées les frontières françaises depuis 1610 jusqu'à nos jours ?

II. — Quels sentiments éveillent chez vous les noms de Hoche, Marceau, V. Hugo, Pasteur ?

Géographie.

I — Décrire la côte française de la Méditerranée Indiquer les ports et la nature de leur commerce, les têtes de lignes télégraphiques sous-marines, etc...

II. — L'industrie des régions champenoise et lorraine ; voies de communication pour écouler les produits.

ANNÉE 1915

Composition française.

Depuis près d'un mois, votre frère qui est au front n'avait pu vous écrire. Une lettre de lui, qui dissipe vos inquiétudes, vous est enfin parvenue ce matin Vous faites part de cet heureux événement a l'un de vos amis ; vous lui dites ce qu'ont été pour vos parents et pour vous les jours d'attente, vous parlez de la joie que la lettre vous a apportée et vous résumez pour votre ami les nouvelles que votre frère vous envoie.

Écriture.

Composés de jeunes gens et d'anciens, nos régiments rapprochent intimement, dans un même devoir et dans une même espérance, les générations successives et montrent, en d'émouvants exemples, que l'unité de la France est indestructible dans le temps comme dans l'espace.

Orthographe et Grammaire.

LA PRISE DES ÉPARGES

La magnifique action qui nous a rendus maîtres de la totalité de la crête des Éparges est la conclusion d'un effort prolongé et violent

Pour garder cette position, les Allemands n'ont rien négligé Leur organisation défensive était exceptionnellement puissante et, dès la fin de mars, ils avaient amené une de leurs meilleures divisions Ils y avaient joint cinq bataillons de pionniers, les mitrailleuses de la place de Metz, un grand nombre de lance-bombes Leurs abris-cavernes, creusés à loisir, comportaient un chemin de fer à voie étroite, des chambres de repos, un cercle pour les officiers Leurs renforts échappaient à nos vues Les nôtres étaient sous le feu de leurs canons, de leurs mitrailleuses, même de leurs fusils et l'on conçoit quelles étaient pour nous les difficultés du ravitaillement tant en vivres qu'en munitions, l'état-major allemand était résolu à tout sacrifier pour garder cette crête maîtresse Les troupes qu'il a engagées ont eu une conduite magnifique Pour s'assurer de leur fermeté, rien n'a été négligé, et pour éviter aux mitrailleurs la tentation de cesser le feu, on est allé jusqu'à les enchaîner à leurs pièces

La nature des choses favorisait singulièrement la résistance allemande. Pentes abruptes, sol détrempé opposaient à nos attaques le plus redoutable des obstacles Nous avons eu des hommes non blessés noyés dans la boue Quant aux blessés, beaucoup n'ont pu être sauvés à temps de la fondrière ou ils étaient tombés Malgré tout, nous avons été vainqueurs

Quand on a vécu ces combats, on sait que notre triomphe est sûr et qu'il a déjà commencé Cette certitude est le plus bel hommage que la France reconnaissante puisse offrir aux morts héroïques des Éparges

(Communiqué Officiel)

Questions

I. — Expliquez la signification des expressions « des abris creusés à *loisir* »; « la nature des choses favorisait *singulièrement* la résistance », « pentes abruptes, sol détrempé »

II. — Donner des mots de la famille de *tremper*.

III. — Analysez le verbe de cette proposition « Quand on a vécu ces combats »

Arithmétique.

I. — On pèse un vase, une première fois plein d'eau, et une seconde fois plein d'huile. Le premier poids surpasse le deuxième de 483 grammes. Trouvez, en litres et fraction de litre, la capacité du vase, sachant qu'un centimètre cube d'huile pèse $0^{s},916$

II. — Un boucher achète des bœufs et des moutons pour la somme de 6696^{fr}, pour 120 têtes de bétail. A combien lui revient chaque bœuf et chaque mouton, sachant qu'il a acheté 19 fois plus de moutons que de bœufs, et qu'il a payé pour un bœuf autant que pour 12 moutons.

III. — Effectuer rapidement les calculs ci-dessous et justifier la méthode suivie :

$$5344 \times 0{,}25 \times 0{,}125$$

Histoire et Géographie.

Histoire

I. — Quels sont les souvenirs qu'éveillent en vous les noms de Valmy, Austerlitz, Iéna ?

II — Dans quelles circonstances et comment avons-nous aidé l'Italie à faire son unité ?

Géographie.

I. — Les parties de la France voisines de la frontière, de Dunkerque à Belfort : départements, villes importantes, principales formes d'activité.

II. — Marseille : principaux éléments de son importance.

EXTRAIT DU CATALOGUE

DE LA

LIBRAIRIE VUIBERT

63, Boulevard Saint-Germain, Paris, 5e.

CHOIX DE SUJETS donnés aux examens du Certificat

d'études primaires élémentaires, recueillis par H. BARREAU, inspecteur
primaire de la Seine, et A. BOUCHET, principal de collège

LIVRE DE L'ÉLÈVE — Vol 18/12cm, cart .	0 fr 90
LIVRE DU MAITRE — Vol 18/12m, cart	3 fr 50

LE LIVRE DE L'ÉLÈVE renferme 321 sujets de composition française, 830 problèmes, des
sujets d'agriculture, de dessin et de couture, 5 examens oraux d'histoire et de géographie,
le tout donné aux plus récents examens dans tous les départements.

LE LIVRE DU MAITRE renferme 50 dictées, des questionnaires, le plan de tous les sujets
de composition française, le développement d'un grand nombre d'entre eux et la solution
de tous les problèmes.

---

300 DICTÉES DU CERTIFICAT D'ÉTUDES
PRIMAIRES (nouveau régime), avec les Questions de grammaire

et les réponses — Vol 18 12cm, cartonné. . **1 fr. 75**

HISTOIRE ET GÉOGRAPHIE par H. HAUSER, professeur

à l'Université de Dijon — Vol 16/11cm

Histoire moderne..	1 fr. »
Histoire contemporaine . .	1 fr »
Géographie : *La France et ses Colonies* . . .	1 fr 50
Géographie : *Les principales puissances du monde* .	1 fr. 25

ARITHMÉTIQUE à l'usage des écoles primaires de garçons et de

filles, par A. et E. RAME, instituteurs à Paris — Vol 18/12cm, avec figures,
cartonnés

Cours élémentaire :

LIVRE DE L'ÉLÈVE, 0 fr 60 ; LIVRE DU MAITRE 0 fr 90

Cours moyen :

LIVRE DE L'ÉLÈVE (*Préparation au Certificat d'études primaires et au
concours d'admission aux écoles primaires supérieures*) 1 fr »

LIVRE DU MAITRE . 1 fr 50

LES *leçons* proprement dites sont réduites aux définitions et aux notions indispensables.
On a fait une large place aux *exercices oraux et écrits*. Tous les *problèmes* au nombre de
près de 2000 sont classés par ordre de difficulté ; tous sont empruntés aux circonstances
ordinaires de la vie et ne contiennent que des données réelles.

A la fin de l'ouvrage on a ajouté les sujets donnés à 90 examens du certificat d'études
primaires dans différentes parties de la France et les séries de sujets donnés dans un
certain nombre de concours d'admission aux écoles primaires supérieures.

1*

Écoles pratiques d'industrie hôtelière

Par C. CAILLARD, inspecteur général adjoint de l'Enseignement 'echnique. —
Volume 22/14cm, de 84 pages . . . . . **1 fr 25**

Programmes

Certificats d'aptitude aux professorats industriel et commercial
   Aspirantes. . . . . 0 fr. 75
   Aspirants. . . . . 1 fr. »
Certificats d'aptitude Enseignement du dessin (lycées et collèges, écoles nor-
   males et primaires supérieures). . . . . . 0 fr 30
Baccalauréat Séries littéraires . . . . . . 0 fr 40
   —   Séries scientifiques . . . 0 fr. 40
Brevet élémentaire de l'enseignement primaire . . 0 fr 35
Brevet supérieur et certificat d'aptitude pédagogique . . 0 fr 35
Certificat d'études primaires supérieures . . 0 fr 30
Certificat d'études physiques, chimiques et naturelles (P C N.) 0 fr 35
Diplômes de pharmacien et d'herboriste . . . . 0 fr 50
Doctorat en médecine, Diplômes de chirurgien-dentiste et de sage-femme
          0 fr 50
Bourses commerciales de séjour à l'étranger . . 0 fr. 35
Bourses des lycées et collèges (garçons et filles) . . 0 fr. 30
Licence et doctorat en droit, capacité en droit . 0 fr 50
Licence et doctorat es lettres . . 0 fr 50
Licence et doctorat ès sciences . 0 fr 50
Auditeur au Conseil d État . 0 fr 50
Adjoint technique et commis des Ponts-et-Chaussées et des Mines. 0 fr 35
Contrôleur des Mines, Conducteur des Ponts-et-Chaussées et Agent voyer
          0 fr 75
Banque de France . . . . 0 fr. 35
Commissaire de Surveillance administrative des chemins de fer 0 fr 35
Consul (Élève-) et attaché d'ambassade . 0 fr 35
Douanes (administration des) . . 0 fr. 35
Inspecteur et inspectrice du travail dans l'industrie 0 fr 50
Magistrats (Examen professionnel pour le recrutement des) 0 fr. 50
Marine marchande diplômes d'officier et d'élève, brevets de capitaine au long
   cours et de capitaine au cabotage, conditions d'admission dans les écoles d'Hy-
   drographie. . . . . . 1 fr. 25
Mécanicien et officier mécanicien de la marine marchande. . 0 fr 75
Ministère des finances Conditions d'admission dans les différents services sui-
   vants Administration centrale, Inspection des Finances, Cour des comptes,
   Comptables du Trésor, Administrations financières (Contributions directes et
   indirectes, Douanes, Enregistrement, Domaines et Timbre, Manufactures
   de l'État, Monnaies et médailles), Trésorerie d'Algérie et de Cochinchine ;
   Caisse des dépôts et consignations . . . . . 0 fr. 50
Percepteur (Emploi de) 0 fr 35
Vérificateur des Poids et Mesures . . 0 fr 35

Programme des conditions d'admission
   à l'École pratique d'Électricité industrielle . . 0 fr. 35
   à l'École spéciale d'Architecture . 0 fr 35

Librairie VUIBERT, 63, Boulevard Saint-Germain, PARIS, 6e

H. VUIBERT

(25e année)

ANNUAIRE DE LA JEUNESSE

Éducation et Instruction. — Écoles spéciales.

Vol. 18/12cm, de 1196 pages, broché . . 3 fr. 50
Relié toilé rouge. . . . . 4 fr 50

Dans la première partie ÉDUCATION ET INSTRUCTION on passe en revue tout ce qui a trait à l'instruction des garçons et des filles à tous ses degrés L'auteur ne se limite pas, bien entendu, aux établissements universitaires, il s'étend aussi bien sur tout ce qui a un caractère spécial

La seconde partie, ÉCOLES SPÉCIALES, intéresse surtout les jeunes gens qui se destinent aux écoles ou l'on va couronner son instruction elle leur montre ce que sont ces écoles, les moyens de s'y préparer, les difficultés des concours la nature de l'enseignement les débouchés qui s'offrent à la sortie etc Le candidat sait ainsi ou il va et peut se rendre compte de ses chances de succès

---

L'Œuvre de l'Ingénieur social

par W H TOLMAN, directeur du Musée américain de Sécurité, avec une préface de M CARNEGIE, traduit et adapté de l'anglais par PIERRE JANELLE, avec une préface de M LEVASSEUR, membre de l'Institut — Volume 15/16cm, illustré de 50 photographies . 6 fr »

Étude très curieuse et très documentée sur les tentatives qui ont été faites aux États-Unis pour résoudre, par l'initiative individuelle le problème des rapports entre employeurs et salariés Tous ceux qui s'intéressent aux questions sociales auront profit à lire un ouvrage si suggestif et notamment les ingénieurs qui par la nature de leurs fonctions, sont journellement aux prises avec les difficultés pratiques liées à ce grave problème.

BULLETIN DE L'ENSEIGNEMENT TECHNIQUE

PUBLIÉ SOUS LES AUSPICES DU MINISTÈRE DU COMMERCE ET DE L'INDUSTRIE (19e année) — Paraît le samedi (en général tous les quinze jours) — Abonnement annuel France, 6 fr, étranger, 7 fr

Le Bulletin reproduit les communications du ministère du Commerce et de l'Industrie c'est à dire les lois décrets, règlements, circulaires programmes d'enseignement vacances d'emploi nominations intéressant les établissements d'enseignement ressortissant à ce ministère (Conservatoire des Arts et Métiers, école Centrale école des Hautes études commerciales, écoles supérieures de commerce Institut commercial, écoles nationales d'Arts et Métiers, écoles nationales d'horlogerie, écoles professionnelles de Paris écoles nationales professionnelles écoles pratiques de commerce et d'industrie, etc) ainsi que des avis de toute nature (époque et formalités des concours délivrance de diplômes attribution de bourses commerciales de séjour à l'étranger de bourses industrielles de voyage, etc)

Chacune des années 1898 à 1915 se vend en un volume avec tables, broché 8 fr , relié, 8 fr

---

CHARTRES — IMPRIMERIE DURAND RUE FULBERT — 5120

9 7 8 2 0 1 6 1 6 7 8 9 2